AF266333

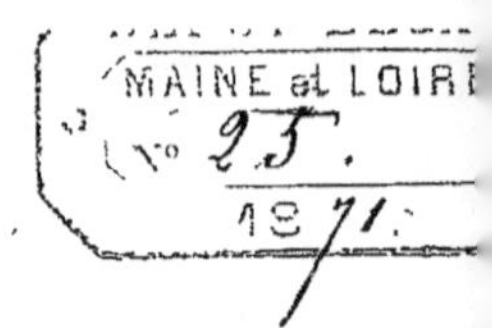

LA
VRAIE RÉPUBLIQUE

AYANT POUR BASE LE RESPECT DES DROITS DE TOUS

LA JUSTICE

EST EN CE MOMENT NOTRE UNIQUE PORT DE SALUT

PAR

E.-J. SECHER.

ANGERS

Eug. BARASSÉ, IMPRIMEUR-LIBRAIRE-ÉDITEUR

RUE SAINT-LAUD, 83.

—

1871.

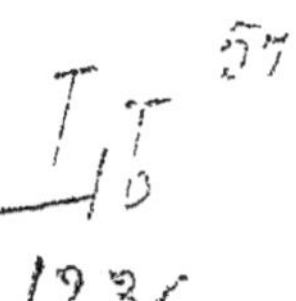

LA VRAIE RÉPUBLIQUE

Le gouvernement de la Nation par elle-même étant le seul qui soit acceptable pour tous et qui convienne en ce moment, nous devons travailler, non à l'empêcher de s'établir, mais à le rendre le meilleur possible, en fondant la vraie république sur la base du respect des droits de tous, sur la justice (1).

Depuis quelque temps, nos efforts ont tendu, d'une façon à peu près exclusive, mais malheureusement peu fructueuse, à débarrasser le sol sacré de la patrie des envahisseurs qui le souillent, qui le profanent, pour ne rien dire de plus......

Aujourd'hui, nous devons les tourner, momentanément du

---

(1) Ceux qui liront cet écrit voudront bien se rappeler qu'il était à peu près terminé lors des élections pour l'Assemblée nationale du 8 février 1871 ; qu'il avait même, pour premier but, d'essayer de jeter quelque lumière sur la marche à suivre au cours de ces opérations, d'ordinaire rendues difficiles, dangereuses par la divergence de nos opinions politiques. Si la soudaineté des mêmes élections a fait qu'on ne crut pas alors pouvoir le faire imprimer et distribuer à temps pour ce premier objet, peut-être trouvera-t-on encore aujourd'hui qu'il n'a pas cependant perdu toute son actualité, puisque la partie la plus importante de ce qui était à faire — notre constitution — n'est pas encore faite.

Au fond, les principes qu'il invoque, qu'il cherche à mettre en évidence, ont toujours à recevoir leur application.

moins, d'un autre côté; nous sommes appelés à nous occuper de nos affaires intérieures, les plus importantes.

Pour nous, le moment est venu d'examiner dans quels rangs il convient de choisir les représentants auxquels nous confierons le soin d'adopter, de proclamer en notre nom le gouvernement sous lequel nous devrons vivre à l'avenir, et d'établir la constitution qui devra être la base de notre édifice social, jusqu'à ce jour si souvent ébranlé.

Pour nous, le moment est venu de commencer à envisager, avec ceux d'entre nous qui vont être appelés à décider du sort du pays, les principes généraux qui devront les guider dans l'accomplissement de la grave et importante mission qu'ils auront à remplir.

Vouloir, en des matières si délicates, surtout si sujettes à la controverse, éclairer l'opinion publique, paraîtra peut-être une entreprise téméraire. Mais, quand on considère ce qui se passe autour de nous, on y trouve tant de raisons de craindre qu'on nous mène enfin à la guerre civile, plus à redouter encore que la guerre avec l'étranger; il y a parmi nous tant de gens, dont on cherche à surprendre la bonne foi, tant de gens qu'on égare ou qui s'égarent eux-mêmes, faute de connaître le droit chemin, qu'on ne peut s'empêcher de dire franchement à cet égard ce que l'on croit être la vérité.

Agir de la sorte, c'est, du reste, vouloir servir son pays; c'est travailler au salut de la patrie, et cela d'une façon non moins utile, non moins efficace peut-être que le soldat peut le faire les armes à la main.

Si, aujourd'hui, nos malheurs sont grands, très-grands, excessivement grands, tout porte à croire qu'ils seront pour nous le point de départ, la cause d'un important progrès. Tout porte à croire qu'ils auront détruit les dernières illusions, que bien des gens de bonne foi nourrissaient encore parmi nous en faveur de la monarchie, et qu'en nous délivrant de celle-ci, ils nous auront enfin débarrassés de la corruption des cours, ce foyer pestilentiel où, vivant dans une atmosphère malsaine, saturée d'émanations grossières et démoralisatrices, les hommes s'engraissent et de-

viennent *impotents ;* et où, trop souvent, sur la présentation de
ce qu'on ne rougit pas d'appeler *les grandes dames,* sont nom-
més, aux postes les plus élevés dans l'administration et dans
l'armée, des individus moins capables de servir le pays que pro-
pres à le trahir et à livrer ses armées.....

La monarchie ! ! ! Ah ! elle s'est enfin suicidée ; elle s'est elle-
même porté le coup de grâce ! Ne dirait-on pas qu'elle a pris à
tâche de nous faire cent et cent fois plus de mal qu'il ne fallait
pour que jamais il y ait moyen pour nous de pouvoir nous recon-
cilier avec elle ?...

Aussi, après les revers que son imprévoyance, pour ne rien
dire de plus, nous a ménagés, préparés ; après les désastres, qui,
par sa faute, sont venus fondre sur notre infortuné pays, qui de
nous pourrait encore penser à la monarchie, si ce n'est pour la
mépriser, pour la détester, pour la maudire ?...

D'ailleurs, n'est-ce pas elle qui, la première et à l'heure du
péril, a déserté, quitté le poste d'honneur, pour se sauver à
l'étranger ?... N'est-ce pas elle qui, la première, a consenti à sé-
parer son sort du sort de la France, lorsque, par une lâcheté qui
n'a pas de nom, elle imposait une capitulation, qui non-seulement ne nous permettait plus de dire comme autrefois : *Tout est
perdu, fors l'honneur ;* mais qui — si pour juger un peuple on
ne devait considérer que les actes émanés d'en haut — nous
mettait dans la honteuse, dans la dure nécessité de nous courber
et de répéter dans l'amertume de notre désespoir : *Pour nous,
tout est perdu, même l'honneur....*

Oui ! à nos yeux la monarchie est décrépite, déshonorée, dé-
considérée ! Il nous semble qu'il s'exhale autour d'elle quelque
chose comme une odeur cadavérique, qui nous porte à croire
qu'elle est morte, définitivement morte : aussi, pour la plupart,
nous n'en voulons plus.....

Mais, dira-t-on, la république, que quelques-uns veulent, bon
gré mal gré, mettre à la place de la monarchie, est-elle, de son
côté, à l'abri de reproches et sans inspirer de crainte ? D'abord
est-elle dans nos mœurs ? Va-t-elle à notre caractère ? Puis, nous
offre-t-elle les garanties de stabilité dont nous avons besoin ? Si

cette forme gouvernementale peut très-bien être appliquée à un État restreint, convient-elle également à un pays d'une grande étendue, surtout à un pays divisé d'opinions et remuant comme le nôtre ?...

Deux fois déjà on a essayé de l'implanter en France ; deux fois aussi ses institutions n'ont pu y prendre racine..... .

Pour répondre à ceux, qui font des objections contre la république, parce que son passé n'est pas de nature à leur donner confiance ; pour dissiper leurs craintes et faire disparaître leurs inquiétudes, qu'il soit permis de leur poser ici quelques questions bien simples, auxquelles on pourrait les laisser libres de répondre eux-mêmes.

D'abord, est-il vrai que le suffrage universel existe en France ? Est-il vrai qu'il y fonctionne même avec régularité depuis un assez grand nombre d'années ; que toujours ses décisions y ont force de loi, que toujours elles y sont acceptées religieusement et sans conteste ?...

En second lieu, et après qu'il aura été admis que le suffrage universel existe et fonctionne régulièrement parmi nous, n'est-on pas forcé de reconnaître que nous y sommes fortement attachés, que nous y tenons énormément, à tel point qu'il serait à peu près impossible, moralement impossible, de le supprimer aujourd'hui, parce que la nation veut désormais faire elle-même ses affaires, pour avoir eu trop à souffrir de les voir si mal faites par ceux à qui elle les avait confiées ?...

Eh bien ! du moment que nous vivons sous le suffrage universel, c'est-à-dire du moment que, par nous-mêmes ou par les représentants que nous nommons, nous pouvons mettre la main à la gestion de nos affaires ; exposer au gouvernement placé à notre tête les griefs que nous avons contre lui ; lui infliger le blâme, et même l'empêcher d'agir, le rendre impossible, en lui refusant ce qui est le nerf non-seulement de la guerre, mais aussi de toute administration, n'est-on pas forcé de dire que déjà nous sommes gouvernés démocratiquement ; que déjà nous vivons sous une république plus ou moins déguisée ?...

En pareil cas, si chez nous le germe démocratique n'est pas

arrivé à toute son expansion ; si l'arbre qui doit en sortir n'a pas atteint son entier accroissement, l'espèce d'enveloppe qui le revêtait, qui le tenait captif, est brisée et ne forme plus qu'un débris, prêt à disparaître, comme ne participant plus à la sève vitale.

Le fonctionnement du suffrage universel, c'est l'installation du gouvernement démocratique et la mise au rebut de la monarchie.....

Aussi, vouloir aujourd'hui nous astreindre à supporter une monarchie, ce serait essayer d'apporter au suffrage universel une restriction qui, n'étant pas dans l'ordre des choses, ne pourrait manquer de paraître intolérable ; ce serait le limiter, le tronquer, le mutiler. Ce serait dire à la nation : Tu veux être maîtresse chez toi, faire tes affaires, choisir tes administrateurs ; mais le premier de tous, celui qui, par ses pouvoirs, a sur l'action des autres une prépondérance, une influence déterminante, celui-là il faudra que tu le subisses, quelle que soit d'ailleurs la répulsion que sa personnalité t'inspire ; il faudra, non que tu fléchisses devant le talent, devant le mérite, mais que tu te décides à subir encore le joug d'une infatuation princière ; il faudra que tu te résignes à voir à la tête de ton gouvernement, non celui qui a tes sympathies, non celui que tu regardes comme le plus méritant, mais peut-être un impotent, peut-être un indigne ; car, avec le système des dynasties, l'expérience nous apprend qu'on doit s'attendre à tout.....

Prétendre, avec le suffrage universel, nous obliger à conserver une dynastie, c'est tout comme si, à un corps jeune et qui à chaque instant se modifie et change de proportions par l'accroissement, on voulait uniformément imposer une vieille tête, qui n'aurait pas été faite pour lui et qui ne pourrait jamais lui convenir. Ce serait, comme dit le poëte, se servir de membres disparates, incohérents, pour en former une sorte de monstre, un tout ridicule et propre à faire rire :

Spectatum admissi, risum teneatis, amici ?

Pendant les dix-huit ou vingt années que le suffrage universel a vécu parmi nous avec l'adjonction ou sous la tutelle de la monarchie, cette adjonction pouvait alors être tolérée : pour bien des gens elle avait sa raison d'être ; car on ne savait pas encore de quoi le suffrage universel serait capable. Mais aujourd'hui l'expérience est faite ; nous savons à quoi nous devons nous en tenir sur son compte, et si nous avons des plaintes à faire, ce n'est pas contre lui que nous devons les formuler.

On est donc forcé d'admettre en principe que le gouvernement démocratique, que le gouvernement de la nation par elle-même est en ce moment le seul possible, le seul qui ait chance de vivre au milieu de nous, eu égard aux dispositions actuelles des esprits.

Si, à deux époques déjà, la république n'a pu être fondée en France, il n'y a là rien que de naturel. A chacune de ces époques, en effet, elle vint au monde, si l'on peut parler ainsi, avant terme. On n'y était pas préparé ; le suffrage universel n'existait pas ; aussi elle ne put naître viable. Aujourd'hui tout est bien différent. On peut dire qu'avec le suffrage universel elle est entrée dans nos mœurs, dans nos habitudes, qu'elle nous est en quelque sorte passée dans le sang ; puisque c'est par ses maximes, suivant ses principes, que déjà nous étions régis sous la monarchie qui vient de s'écrouler.

Par conséquent, il ne doit plus être permis de se demander aujourd'hui si le gouvernement démocratique est possible parmi nous, s'il nous convient, et moins encore de vouloir le repousser, lui faire obstacle : ce que nous pouvons, ce que nous devons faire, c'est de réunir nos efforts pour le rendre le meilleur possible.

Or, ce résultat capital dépendra des hommes que nous enverrons à la Constituante ; il sera entre leurs mains : et si c'est leur devoir, si ce doit être leur gloire de bien faire, avant tout il y a pour nous le devoir, l'obligation de bien les choisir. Et ici nous avons un double danger à craindre, un double écueil à éviter, car les ennemis de la république doivent être rangés en deux catégories distinctes.

D'abord, si, comme on essayait plus haut de le faire comprendre, notre pays est aujourd'hui dans la position de l'individu qui, après avoir gémi pendant sa jeunesse sous le joug rigoureux, pour ne pas dire odieux, de tuteurs qu'il voyait s'engraisser à ses dépens, se trouve d'un coup débarrassé d'entraves, de chaînes, sous lesquelles il n'est pas à supposer qu'il soit désireux de rentrer, notre premier devoir, la première précaution que nous aurons à prendre, devra être de ne pas voter pour des restaurateurs de monarchie, pour des gens au cou desquels apparaisse encore l'empreinte du collier, la marque de la servilité ; et moins encore pour des princes, pour des représentants de dynasties déchues.

Chercher de ce côté les mandataires auxquels devra être confié le soin d'établir les bases fondamentales de notre pacte social, ce serait vouloir nous-mêmes recommencer la série de nos malheurs; ce serait ouvrir de nouveau la porte aux prétendants et leur faciliter les moyens d'escamoter encore à leur profit la liberté que depuis si longtemps on cherche inutilement à fonder dans notre pays. Pour tout dire, en deux mots, bientôt la république de 1870 aurait, avec eux, le sort de sa devancière de 1848....

Mais il n'y a pas que les princes ou leurs partisans à faire obstacle à ce que le gouvernement de la nation par elle-même puisse enfin s'installer régulièrement, définitivement parmi nous. La république a d'autres ennemis, des ennemis peut-être plus dangereux encore. Et, suivant l'adage, qui dit qu'on est le plus souvent trahi par les siens, ces ennemis de la république se trouvent parmi les républicains eux-mêmes : on veut parler ici des faux républicains, comme on en voit tant de nos jours, comme il en foisonne en ce moment à peu près à tous les degrés de l'échelle sociale.

Sans doute, la république, bien comprise, est un beau gouvernement, si beau même, que l'auteur du *Contrat social* va jusqu'à dire que s'il existait un peuple de dieux, ils voudraient être gouvernés démocratiquement....

La république est bonne, la république est belle; mais, par malheur, par un très-grand malheur, toujours ceux qui se sont donné pour mission de nous la faire connaître, de l'inaugurer parmi nous, semblent avoir pris à tâche de nous la montrer comme hideuse, comme repoussante, comme inacceptable pour le plus

grand nombre ; toujours nous avons eu affaire à des gens mal-
adroits ou malintentionnés, qui, au lieu de chercher à nous la
faire aimer, ont justement fait tout ce qu'il fallait pour nous la
rendre méprisable, pour nous la faire haïr...

La république, comme le mot seul l'indique, c'est la chose de
tous ; c'est la grande affaire, le grand intérêt dans lequel se résu-
ment et se trouvent englobés les intérêts de tout le moude ; et ils
en font l'affaire d'une coterie ; ils l'accaparent au profit d'eux et
de quelques compères, avec lesquels on les voit se partager im-
pudemment les meilleures places ; ils s'en font un marche-pied
pour se hausser, pour se hisser au pouvoir, à peu près comme les
Titans se servaient de Pélion et d'Ossa, qu'ils entassaient l'un sur
l'autre, pour escalader le ciel.....

Par une inconséquence qui n'est pas de nature à donner confiance en leur bonne foi, ceux qui ont fait tant de bruit pour ob-
tenir la liberté, ceux qui, pendant une longue suite d'années, ont
crié sur tous les tons contre l'usurpation, contre la tyrannie,
sont les premiers à s'ériger en usurpateurs, en tyrans, à se faire
les bourreaux, les assommeurs de la liberté.

Et nous, pauvre peuple, dont, par moments, on semble pour-
tant prendre si vivement les intérêts, nous en sommes réduits,
quand le caprice nous prend de réfléchir aux bienfaits que ce si-
mulacre de république nous apporte, nous en sommes réduits à
demander si, au lieu d'être mangés par un seul, il y a pour nous
avantage à être mangés par des milliers d'individus ; si, au lieu
d'un tyran, il vaut mieux pour nous en avoir en haut, en bas, aux
degrés intermédiaires de l'échelle sociale, à peu près partout....

De sorte que l'arbitraire, — quand il est exercé par un certain
nombre de compères, qui se donnent la main pour nous exploiter
à leur profit, — n'étant pas moins propre à indisposer les esprits
contre la république, qu'il était propre à les indisposer contre la
monarchie, quand il était exercé par un seul ou au profit d'un
seul, on est forcé de reconnaître que la république n'a pas de
plus dangereux ennemis que ces prétendus républicains, que ces
républicains de nom, qui, à de faibles exceptions près, ne sont
en réalité que d'orgueilleux égoïstes qui n'ont en vue que leur

intérêt personnel, c'est-à-dire qui, en fin de compte, ne sont rien moins que républicains...

Si cette forme de gouvernement — la plus belle qui existe, puisqu'on y est en même temps gouvernant et gouverné ; celle, par conséquent, qui convient le mieux à des êtres raisonnables ; celle que, de préférence à toute autre, adopterait un peuple de dieux — a cependant tant de peine à prendre racine, à s'acclimater parmi nous ; si elle y rencontre, encore aujourd'hui, tant de préventions, tant de résistances ; si elle y soulève tant de répulsions, on peut, sans crainte de se tromper, dire que c'est aux républicains, aux faux républicains qu'elle le doit.

Ce sont eux qui l'ont rendue impossible, qui l'ont tuée dans le passé ; ce sont eux qui travaillent encore le plus activement à la rendre impossible, à la tuer dans le moment actuel...

Quand on voit leur manière d'agir, n'est-on pas forcé de reconnaître qu'avec leurs idées, l'accord entre les membres de la famille sociale serait chose impossible ; qu'avec eux nous ne tarderions pas à retomber encore dans le désordre, à revenir à l'anarchie...

Et comme un peuple tel que la France ne peut longtemps vivre de désordre, ni d'anarchie, bientôt nous reverrions surgir au milieu de nous quelque nouveau libérateur ; bientôt une main puissante quelconque viendrait encore jeter sur nous le grapin, sous prétexte de nous délivrer, de nous sauver ; et, pour la troisième fois, la république aurait cessé d'exister par le fait, ou plutôt par la faute de nos prétendus républicains...

Ainsi, des deux extrémités opposées de l'horizon politique, nous apparaissent déjà et vont bientôt se présenter à nous, pour réclamer vos suffrages, des hommes qui, selon l'habitude, ne manqueront pas de nous faire les plus belles promesses du monde, mais vis-à-vis desquels nous avons des raisons, de très-fortes raisons de nous tenir dans la plus grande défiance...

Ces hommes, en effet, de quelque côté qu'ils viennent, de l'extrême droite ou de l'extrême gauche, ont tous une arrière-pensée ; tous, malgré les belles protestations qu'on les verra nous faire, ils sont animés d'un secret désir, celui de s'imposer, de nous exploiter à leur profit ; tous, ils ont en vue leur élévation,

ur avantage particulier ou celui de leur parti, plutôt que le bien
néral du pays...

Aussi, nous devrons nous défier d'eux et de leur langage; nous
vrons les avoir en suspicion, et si nos malheurs passés ont suffi
ur nous rendre sages, il semble que nous n'aurons rien de
eux à faire que de les laisser dans l'isolement.

Si nous voulons sérieusement que la nouvelle république, qu'il
git de fonder parmi nous soit enfin viable, le plus grossier
n sens nous dit que nous devons chercher les hommes aux-
els nous confierons le soin de la consolider, non parmi ses
nemis, non parmi ceux que nous savons avoir l'intention de
faire pencher de leur côté, pour l'absorber plus tard à leur
ofit, mais parmi les hommes probes et sans arrière-pensée,
e nous croirons être sincèrement animés du désir de l'asseoir
r la base solide du respect des droits de tous, sur la justice.

En fait de gouvernement, il n'y a que ce qui est juste à ne
sser personne, à pouvoir réunir et mettre d'accord toutes les
lontés...

La justice, comme disent les philosophes, est la maîtresse, la
ne, à laquelle tous mortels et immortels obéissent ; elle est
dominatrice naturelle des êtres raisonnables, devant laquelle
à moins de renoncer à la plus haute, à la plus noble de leurs
alités — tous sont forcés de s'incliner, de se taire...

Tandis que l'arbitraire, exercé par un seul ou par plusieurs,
t toujours odieux ; parce que toujours il fait sentir le tyran,
i avance, qui empiète sur ce qui ne lui appartient pas, et fait
s mécontents ; la justice, au contraire, est toujours bienveillante,
nciliante ; elle empêche, elle arrête, et prévient les dissensions
faisant que l'on cesse d'agir, quand on commence à nuire à
n semblable.

C'est elle, qui, dans les temps primitifs et avant que les crimes
s hommes, rougissant la terre de sang, l'eussent forcée à cher-
er un asile dans le ciel, a déjà fait goûter aux habitants de
tre planète les délices de l'âge d'or ; c'est elle qui peut encore
mener parmi nous le bonheur, en mettant enfin un terme à
s éternelles dissensions.....

C'est donc le règne de la justice qu'il faut à tout prix rétablir en ce moment parmi nous, quel que soit le nom qu'on voudra donner au gouvernement qu'il s'agit d'organiser ; car ici le nom n'est rien, absolument rien, et la chose est tout.

Et, puisque la forme républicaine est la seule qui convienne et qui ait chance d'être acceptée dans le moment actuel, il faut que la proclamation de la république soit l'intronisation de la justice parmi nous ; il faut que la justice, personnifiée, rendue vivante au milieu de nous par nos institutions, par nos lois, soit à l'avenir notre souveraine, notre dominatrice, sous le nom jusqu'à ce jour si mal compris, sous le nom, tant de fois souillé, profané, de la république.....

Mais pour que la justice siége au milieu de nous sur le trône de souveraine dominatrice, qui lui appartient, il faut que l'homme en descende, qu'il cesse de l'occuper, et qu'à l'avenir il ne puisse plus jamais y remonter.....

La justice étant — si l'on peut parler de la sorte — une princesse d'une grandeur, d'une dignité incomparables, toujours l'homme doit marcher, non avant elle, ni même de pair avec elle, mais après elle, mais derrière elle..... Il ne doit être que son ministre, que l'exécuteur de ses volontés.....

Par conséquent, ce devra être la gloire des législateurs, qui vont être appelés à concourir à l'élaboration de notre constitution future, de remettre l'homme à la place qui lui convient et d'où il a toujours tendance à sortir ; de faire en sorte que les gouvernants, que les dépositaires du pouvoir ne puissent plus à l'avenir continuer à se considérer comme placés au premier rang, que toujours ils soient forcés de reconnaître qu'il y a quelqu'un avant eux, au-dessus d'eux ; que, par une suite nécessaire, tout ce qu'ils font dans l'exercice de leurs fonctions, doit émaner non de leur volonté particulière, mais d'une volonté meilleure, plus élevée, plus sûre, dont ils auront dû s'inspirer, c'est-à-dire de la volonté de tous, de la volonté générale, se confondant ici avec la justice, puisque, comme le dit l'auteur du *Contrat social*, livre II, chap. 3, la volonté générale est toujours droite, conforme à la justice.....

De cette façon, l'arbitraire serait extirpé de notre système gouvernemental.

De cette façon, les dépositaires du pouvoir, n'étant plus dans l'État que des serviteurs recevant et exécutant des ordres, n'y rempliraient plus qu'un rôle secondaire. Par conséquent, ce n'est plus d'eux que dépendrait la solidité de notre édifice social ; ce n'est plus sur eux que reposerait sa stabilité. Ils ne seraient plus, dans le mécanisme gouvernemental, que des rouages accessoires, non indispensables, pouvant dès lors et à l'heure dite être remplacés sans commotion ni perturbation, et sans danger pour personne.....

De cette façon, nous serions débarrassés de l'inconvénient des dynasties et de la corruption des cours ; nous n'aurions plus à payer si chèrement les services que nous rendent d'une façon si douteuse des monarchies toujours croulantes ; nous serions délivrés de ce qui a été jusqu'ici la principale cause de nos malheurs politiques, et notre édifice social aurait enfin la base la plus avouable, la plus solide, qu'il soit possible de lui donner.

Voici donc, en résumé, les idées dont nous devrons nous pénétrer pour nous guider dans le choix des représentants que nous enverrons à la Constituante, et dont il semble que ceux-ci devront aussi s'inspirer dans l'élaboration de leur œuvre :

D'abord, point de monarchie, point de dynastie : ce sont des choses vieilles, usées, complétement usées, et qui jurent avec le suffrage universel...

Ensuite, — et notre préférence une fois accordée d'une façon sincère à la république, — point de faux républicains, point de gens de quelque nuance que ce soit, qui, par des voies tortueuses et détournées, nous ramèneraient à ce que nous avons intérêt d'éviter ; mais des hommes probes, sans arrière-pensée et sincèrement animés, comme on disait plus haut, du désir d'asseoir le gouvernement du pays sur la base du respect des droits de tous, sur la justice.

Si nous voulons que notre jeune république n'ait pas à subir, elle aussi, le sort de ses deux sœurs aînées, nous devrons nous mettre en garde également et contre les excès qui perdirent celle de 1793, et contre les faiblesses qui facilitèrent, préparèrent et amenèrent l'escamotage de celle de 1848.

Il faut que l'arbitraire, — cause habituelle de nos malheurs politiques, — soit à tout jamais et à tous les degrés de l'échelle administrative , rendu impossible dans notre pays , et que notre république, unifiée, identifiée avec la justice, soit, à l'avenir, immortelle, impérissable comme elle ! ! !

Là est le salut de la France ; car là et là et là seulement est la conciliation, la fusion des partis ; là est la possibilité d'un accord entre tous , là est la paix ; on peut ajouter que là aussi est la liberté, la vraie liberté, autant qu'elle est possible dans une société régulièrement organisée.

Angers, imp. E. BARASSÉ — 173-71.